BEI GRIN MACHT SICH IHR WISSEN BEZAHLT

AF125093

- Wir veröffentlichen Ihre Hausarbeit,
  Bachelor- und Masterarbeit

- Ihr eigenes eBook und Buch -
  weltweit in allen wichtigen Shops

- Verdienen Sie an jedem Verkauf

Jetzt bei www.GRIN.com hochladen
und kostenlos publizieren

Bibliografische Information der Deutschen Nationalbibliothek:

Die Deutsche Bibliothek verzeichnet diese Publikation in der Deutschen National-bibliografie; detaillierte bibliografische Daten sind im Internet über http://dnb.d-nb.de/ abrufbar.

Dieses Werk sowie alle darin enthaltenen einzelnen Beiträge und Abbildungen sind urheberrechtlich geschützt. Jede Verwertung, die nicht ausdrücklich vom Urheberrechtsschutz zugelassen ist, bedarf der vorherigen Zustimmung des Verlages. Das gilt insbesondere für Vervielfältigungen, Bearbeitungen, Übersetzungen, Mikroverfilmungen, Auswertungen durch Datenbanken und für die Einspeicherung und Verarbeitung in elektronische Systeme. Alle Rechte, auch die des auszugsweisen Nachdrucks, der fotomechanischen Wiedergabe (einschließlich Mikrokopie) sowie der Auswertung durch Datenbanken oder ähnliche Einrichtungen, vorbehalten.

Impressum:

Copyright © 2019 GRIN Verlag
Druck und Bindung: Books on Demand GmbH, Norderstedt Germany
ISBN: 9783668907782

Dieses Buch bei GRIN:

https://www.grin.com/document/463898

Maxim Reim

Chinas Investitionen in Afrika. Fluch oder Segen für den afrikanischen Kontinent?

GRIN Verlag

GRIN - Your knowledge has value

Der GRIN Verlag publiziert seit 1998 wissenschaftliche Arbeiten von Studenten, Hochschullehrern und anderen Akademikern als eBook und gedrucktes Buch. Die Verlagswebsite www.grin.com ist die ideale Plattform zur Veröffentlichung von Hausarbeiten, Abschlussarbeiten, wissenschaftlichen Aufsätzen, Dissertationen und Fachbüchern.

Besuchen Sie uns im Internet:

http://www.grin.com/

http://www.facebook.com/grincom

http://www.twitter.com/grin_com

Chinas Investitionen in Afrika – Fluch oder Segen für den afrikanischen Kontinent?

Facharbeit von Maxim Reim

Im Fach **Sozialwissenschaften**

An der Schule **Ernst-Moritz-Arndt Gymnasium**

Im **Grundkurs 3** des Schuljahres **2018/2019**

Abgegeben am: **08.03.2019**

Note: **14 Punkte**

Inhaltsverzeichnis:

1. Einleitung

In dieser Arbeit wird untersucht, inwiefern chinesisches Engagement einen Fluch oder Segen für Afrika darstellt. China ist eines der wichtigsten Handels- und Investitionsländer Afrikas (vgl. GTAI 2018(1): 4). Zudem wird der Einfluss Chinas auf die globalisierte Welt, als auch auf Afrika, immer bedeutender (vgl. welt.de 2018 (1)). Ich persönlich halte das Thema für sehr interessant und deswegen bearbeitungswert, da Chinas Engagement in Afrika in den westlichen Medien oft als negativ bezeichnet wird. Aufgrund dessen wird in der Ihnen vorliegenden Arbeit ein kritischer Blick darauf geworfen, ob das Engagement Chinas wirklich nur negativ betrachtet werden sollte oder ob es auch weitgehend positive Auswirkungen auf den Kontinent und die dort lebenden Menschen gibt.

Die Facharbeit ist in vier Themenabschnitte unterteilt. Zu Beginn wird auf die verschiedenen politischen und wirtschaftlichen Systeme Chinas und Afrikas eingegangen, damit ein allgemeiner Überblick die Hauptakteure gegeben ist. Nachfolgend werden zuerst die Interessen Chinas an Afrika dargelegt, so dass ein Verständnis für Chinas Tätigkeiten und Konzept für Afrika vermittelt wird. Anschließend werden die Chancen und Risiken chinesischen Engagements für den afrikanischen Kontinent und die dortigen Einwohner dargestellt. Im Fazit soll die Fragestellung beantwortet werden, ob das chinesische Engagement einen positiven Einfluss auf Afrika hat oder ob die Nachteile die Vorteile übertreffen. Zudem werden in der Arbeit Beispiele verwendet, die das Konzept vereinfachen und anschaulicher machen. Für die Facharbeit wurde ausschließlich eine Literaturanalyse durchgeführt, da das Thema schon in vielen Einzelstudien und Artikeln beleuchtet wurde und weil andere Forschungsmöglichkeiten logistisch und zeitlich nicht möglich oder nicht sinnvoll sind.

2. Politische und wirtschaftliche Systeme in China und Afrika
2.1. Politisches und wirtschaftliches System in China

Seit 1949 regiert die Kommunistische Partei Chinas (KPCh). 1978 öffnete das damalige Staatsoberhaupt Deng Xiaoping das Land gegenüber ausländischen, wirtschaftlichen Tätigkeiten. Anstatt jedoch auch die Politik innerhalb Chinas zu reformieren, betrachtete er die KPCh als einzige Möglichkeit China voranzubringen (vgl. zeit.de 2012). Seitdem wird die Politik im Einparteienstaat China nach den gleichen Grundsätzen bestimmt (vgl. bpb.de 2005). Heute ist China das Land mit den meisten Einwohnern und der zweitgrößten Volkswirtschaft der Welt (vgl. GTAI 2018(2), 1). Zudem hält China einen ständigen Sitz im UN-Sicherheitsrat, weswegen der Staat ein bedeutender Faktor in der Weltpolitik ist (vgl. bpb.de 2011).

Das derzeitige Staatsoberhaupt Xi Jinping hält die drei wichtigsten Posten des Systems inne. Er ist der Parteichef bzw. Generalsekretär der KPCh, Vorsitzender der Armee Chinas und Staatspräsident. Dadurch ist er die mächtigste Person Chinas und kann sehr viel alleine entscheiden (vgl. bpb.de 2005, Abb.1). Laut Verfassung ist der NVK das höchste Gesetzgebungsorgan Chinas. Dabei wird kritisiert, dass „die Abgeordneten des Scheinparlaments [NVK] von der KP auserkoren […]"(Deuber 2019) sind, sie aber für die „öffentlichkeitswirksame Verkündungen von Entscheidungen […] unersetzlich" (Deuber 2019) sind.

Das politische System in China gilt als autoritär. So plazierte sich das Land von 167 untersuchten Ländern auf Platz 139. Vor allem bei „freien Wahlen und Pluralität" sowie bei „bürgerlichen Freiheiten" schneidet China sehr schlecht ab. (vgl. Democracy Index 2017, 8)

China ist jedoch eine wirtschaftliche Großmacht. Das BIP lag 2017 bei ca. 12 Billionen USD und war damit etwa 3,2 Mal höher als das von Deutschland. Das BIP pro Kopf ist durch die hohe Einwohnerzahl von 1,4 Milliarden jedoch relativ niedrig bei rund 8.600 USD pro Kopf. Die Außenhandelsquote, also alle Ex- und Importe zusammen, machten dabei 32,4 Prozent des gesamten BIPs aus. (vgl. GTAI 2018 (2): 1ff.; Tab. 1; Tab. 2; Tab. 3)

2.2. Überblick politischer und wirtschaftlicher Systeme in Afrika

Auch auf dem afrikanischen Kontinent werden die meisten Länder autoritär regiert. So werden 44 der 52 Länder autoritär oder in einem hybriden Regime regiert. Sieben Länder sind unvollkommene Demokratien während nur ein Land, Mauritius, eine Insel weit weg vom afrikanischen Kontinent, als volle Demokratie anerkannt wird. Damit einhergehend gibt es auch wenige Länder, die eine freie Meinungsäußerung erlauben. Vor allem haben viele afrikanische Staaten mit dem Versagen der Regierungen zu kämpfen, was sich in Korruption, Vetternwirtschaft und wenig Vertrauen in die Politiker äußert. (vgl. Democracy Index 2017, 33ff., 57ff.)

Auch wirtschaftlich ist Afrika ziemlich abgeschlagen. Mit einem BIP von nur rund 2,2 Billionen USD ist Afrikas Wirtschaft ungefähr 5,7 Mal kleiner als das von China und sogar knapp 8 Mal kleiner als das der EU (vgl. Tab. 2) obwohl auch in Afrika 1,25 Milliarden Menschen leben (vgl. Tab. 1). Noch größer ist der Unterschied beim BIP pro Kopf. Das ist in Afrika deutlich niedriger als in China oder der EU (vgl. Tab. 3).

Aufgrund der niedrigen Entwicklungsstufe Afrikas, gekennzeichnet durch das geringe BIP pro Kopf (vgl. ebd.) leben viele Afrikaner in Armut. Ca. 42 Prozent der Bevölkerung von Sub-Sahara-Afrika lebte im Jahr 2013 von unter 1,9 USD pro Tag (vgl. UN-ZnE 2017, 18)

3. Chinas Interessen und Konzept

3.1. Interessen

Begonnen hat Chinas Interesse am afrikanischen Kontinent durch die von der Regierung implementierte „Go-Global"-Strategie, unter anderem befeuert durch den Beitritt der WTO im Jahr 2001. Die Strategie beinhaltet, dass einerseits chinesische Firmen stärker ins Ausland investieren sollen und andererseits mehr Investitionen innerhalb Chinas von außen gewinnen sollen. (vgl. china.org.cn 2001)

3.1.1. Rohstoffe

Chinas enormer Rohstoffbedarf sorgt dafür, dass sich das Land kontinuierlich nach neuen Rohstoffquellen umsehen muss. So importiert China deutlich mehr Rohstoffe als alle anderen Länder. Der Abstand zu den nächstgrößeren Importeuren ist demnach noch bemerkenswerter, da China selber eine erhebliche Eigenproduktion aufweist (vgl. Tab. 4; Drobe, 2016: 26). Auch die Abhängigkeit von Öl-Importen ist besonders hoch und wird auf 67% beziffert (vgl. welt.de 2018 (2)).

Da die Rohstoffdichte in Afrika besonders groß ist, diese Rohstoffe aber wegen fehlender Investitionen in z.B. Infrastruktur nicht gefördert werden können, investiert China in Afrika (GTAI 2018(1), 2). Länder mit hohen Erdölreserven wie der Sudan, Südsudan, Angola und Nigeria sowie Länder mit hohen Buntmetallvorkommen wie Südafrika, die DR Kongo, Sambia, Guinea oder Gabun werden dabei bevorzugt miteinbezogen (vgl. Fuchs 2013: 23). Ein anderer Grund weswegen China die Aktivitäten im Bezug auf Rohstoffe auf dem afrikanischen Kontinent erhöht, ist die zunehmende Abhängigkeit von wenigen rohstoffexportierenden Ländern. So betrug der Anteil der Importe der drei größten Rohstoffexporteure nach China im Jahr 2017 über 35%, was einem Rückgang von ca. 1% gegenüber 1997 aber einem Zuwachs von mehr als 11% gegenüber 2007 bedeutet (vgl. Tabelle 5). Folglich stieg die Abhängigkeit Chinas von einigen wenigen Rohstoffexporteuren. Vor allem der Import von Rohöl macht China gegenüber anderen Ländern stark abhängig (vgl. Erling, 2018). Um diese Abhängigkeit zu verringern, investiert China in verschiedene Staaten Afrikas (vgl. Norrie: 33)

3.1.2. Absatzmarkt

Ein weiterer Grund für das Engagement Chinas in Afrika ist der große potentielle Absatzmarkt, da die chinesische Wirtschaft eine Zunahme des Exports benötigt, um sich wirtschaftlich sinnvoll weiterentwickeln zu können (vgl. Gu 20006: 63). Von 1997 bis 2017 konnte der chinesische Export nach Sub-Sahara-Afrika schon von 2,3 auf 68,3 Milliarden USD gesteigert werden. Trotzdem ist Sub-Sahara-Afrika immer noch der kleinste Importeur chinesischer Güter, da China nur rund 3% aller Ausfuhren nach Sub-Sahara-Afrika exportiert (vgl. Tab. 6). Trotzdem werden schon viele essentielle Güter wie Plastikwaren, Elektronik oder Textilien auf dem afrikanischen Markt verkauft (vgl. Gu 2006: 63).

Ein geeignetes Beispiel für die Erschließung eines neuen afrikanischen Absatzmarktes ist der Markteintritt der chinesischen Unternehmen Huawei und Zhong Xing (ZTE) in die Telekommunikationsbranche in Ghana. Beide Unternehmen sind Telekommunikationsfirmen, die teilweise staatlich finanziert sind und subventioniert werden. Beide Firmen begannen ihre Aktivität in Afrika Ende der 1990er Jahre. Durch die geringe Verbreitung von Telefon und Internet war es für die Unternehmen relativ leicht, in den Ländern Fuß zu fassen. 2006 wurde das Projekt e-Ghana initiiert, welches die Kommunikation in Ghana verbessern sollte. Dabei wurden Kredite der Weltbank und der chinesischen EXIM-Bank an den Staat vergeben. Daraufhin stieg zwischen 2001 und 2010 die Anzahl der Mobilfunkverträge und Prepaid-Karten von 0,64 auf 71,49 pro 100 Einwohner an. Auch ein signifikanter Anstieg der ghanaischen Internetnutzer von 0,15 Prozent auf 8,55 Prozent war zu verzeichnen. Der Einstieg von Huawei und ZTE zeigt beispielhaft wie chinesische Unternehmen erst einen Markt erschließen, sich gleichzeitig in diesem Markt etablieren und damit langfristig einen neuen Absatzmarkt schaffen. Dabei verbessert sich aber auch die Lage der afrikanischen Bevölkerung, da sie Zugang zu neuen technologischen und anderen Fortschritten bekommt. (vgl. Tietze 2011: 2f.)

3.2. Konzept

China gibt vor, vor allem nach dem „Win-Win"-Konzept, bei dem sowohl der chinesische Staat als auch chinesische Unternehmen und deren afrikanische Handelspartner profitieren sollen, zu handeln. Dies geschieht unter anderem durch eine neue Form der „Süd-Süd"-Kooperationen, die sich von der westlichen Entwicklungszusammenarbeit in vielen Punkten unterscheidet. (vgl. china.org.cn 2018)

3.2.1. Ausländische Direktinvestitionen

Ausländische Direktinvestitionen (ADI) zielen darauf ab, langfristigen Einfluss und damit eine gewisse Kontrolle in einem Land zu gewinnen. Dabei investieren Unternehmen des Herkunftslandes in einem Gastland: Neben dem finanziellen Engagement werden Know-how, neue Technologien oder Hilfen bei der Markterschließung eingebracht. Auf Afrika bezogen werden die meisten ADI im Energie- und Rohstoffsektor getätigt. Für die Verbreitung von modernen Technologien sind aber der Sekundär- und Tertiärsektor nicht zu unterschätzen, da oft weniger Investitionen benötigt werden als im Primärsektor, um eine Veränderung zu erzielen. Dies wird durch die höhere Anzahl von neu gegründeten Unternehmen in letzteren beiden Sektoren bestätigt. (vgl. Pohl, 2011: 2)

Seit 1990 steigen die ADI nach Afrika immer weiter an (vgl. Tab. 7). Chinas Einfluss lässt sich dabei deutlich erkennen. Im Jahr 2001 kündigten chinesische und afrikanische Staaten an, näher und strategischer zusammenzuarbeiten (vgl. fmprc.gov.cn (1)). Darauf folgt ein Anstieg der ADI in Afrika (vgl Tab. 7). Der Sprung der ADI in den Jahren 2006 - 2008 (vgl. ebd.) kann durch das Vorstellen des „China's African policy"-papers im Jahr 2006 erklärt werden (vgl. fmprc.gov.cn 2006(2)). Daraus lässt sich schließen, dass China durch die Investitionen nach Afrika Einfluss sucht und dieser auch gewährt wird (vgl. Pohl, 2011: 2).

3.2.2. Institutionen

Für die Zusammenarbeit mit ausländischen Staaten sind in China primär das Handels- (MOFCOM), Finanz- (MOF) und Außenministerium (MOFA) zuständig. Hinzu kommen in beratender Funktion andere Ministerien und Provinzregierungen Chinas. Für die Vergabe von Krediten sind die chinesische EXIM-Bank und die CDB zuständig (vgl. Asche 2008: 32ff.; Abb. 2). Jedoch sind die vergebenen Mittel oft nicht an Forderungen wie „Good-Governance", Sozial- oder Umweltstandards gebunden wie es bei westlichen Kreditinstituten der Fall ist (vgl. Saam 2008: 5). Abgesehen von den staatlichen Institutionen agieren noch teilsstaatliche sowie private Unternehmen in teils enger Zusammenarbeit mit der Regierung im Ausland. Dadurch ergibt sich, dass die wirtschaftliche Zusammenarbeit zwischen China und den afrikanischen Ländern oftmals sehr komplex und intransparent ist und dadurch nicht für Außenstehende nachvollzogen werden kann (vgl. Asche 2008: 32).

3.2.3. Angola-Modell

Das „Angola-Modell" ist eine Form von ADI, die in bedeutender Form als erstes in Angola im Jahr 2004 durchgeführt wurde. Dabei handelt es sich vorrangig um ein „resource-for-infrastructure"-Projekt. Das allgemeine Prinzip ist, dass lokale Ressourcen wie Öl oder Erze im Gegenzug zu wichtigen Infrastrukturprojekten getauscht werden. China bekommt die geförderten Bodenschätze im Austausch für die Durchführung der Infrastrukturprojekte. Da in vielen afrikanischen Staaten, wie auch in Angola, Bürgerkrieg herrschte, sind die dortigen Regierungen oft daran interessiert, schnellen Wiederaufbau zu betreiben (vgl. Zongwe 2010: 1f.). Dieses Modell ist vor allem für finanzschwache Länder interessant, weil sie die Kredite nicht in Form von finanziellen Rückzahlungen sondern mit Rohstoffen begleichen können. Im Fall von Angola leistet der Staat die Rückzahlungen der Kredite in Höhe von 2 Milliarden USD in Form von 10.000 Barrel Öl pro Tag. Auch chinesische Unternehmen profitieren vom Angola-Modell, da beim Verfahren ein chinesisches Unternehmen für den Bau der Infrastruktur und ein weiteres Unternehmen für die Förderung der Rohstoffe eingesetzt wird. (vgl. Asche 2008: 36f.)

4. Chancen und Risiken für Afrika

4.1. Chancen

4.1.1. Wirtschaftliche Chancen

Das Engagement Chinas in Afrika bewirkt, dass afrikanische Staaten und Unternehmen leichter Investitionen, Zugang zu Krediten, neue Technologien, günstige Industriegüter und mehr Abnehmer ihrer Rohstoffe bekommen. Durch die höhere Auswahl an „Geberländern" besitzen afrikanische Länder nun häufig eine verbesserte Verhandlungsposition gegenüber Kreditgebern. Die Belebung der afrikanischen Wirtschaft durch die größere Anzahl von Konkurrenten externer Länder wie China bewirkt, dass die afrikanische Mittelschicht wächst. Die Entwicklung des Kontinents wird vor allem in den Sektoren Landwirtschaft, Telekommunikation und Medizin vorangebracht, da die Entwicklung durch den Rückstand zu entwickelten Ländern besonders groß ist, der nun aufgeholt werden kann. (vgl. Stolte 2012: 6f.)

Durch die ADI Chinas können verschiedene Vorteile wirtschaftlicher Natur hervorgebracht werden. Direkte Effekte sind beispielsweise eine Erhöhung der Investitions- und Produktskapazitäten. Indirekte Effekte, die sich hervortun können, sind eine Schaffung von Arbeitsplätzen und ein besserer Zugang zu neuen Technologien, z.B. durch „Spill-over"-Effekte. „Spill-over"-Effekte sind Effekte, die hervorgerufen werden, wenn ausländische Unternehmen ihre bessere Technologie im Heimatland einsetzen. Der sogenannte „Spill-over" geschieht dadurch, dass einheimische Unternehmen die neuen Produkte kopieren oder Mitarbeiter des ausländischen Unternehmens abwerben. In beiden Fällen kommt es zu einer rasanten Verbesserung der Technologie und damit im besten Fall zu einem starken Wachstum des Unternehmens und somit auch der Wirtschaft. Auch verbessert der „Spill-over"-Effekt die Marktposition gegenüber ausländischen Unternehmen, da bessere Produkte abgeboten werden können (vgl. Pohl 2011: 4f.). Eine weitere Art das Wachstum anzukurbeln, sind Sonderwirtschaftszonen (SWZ), die vor allem in Entwicklungsländern beliebt sind. SWZ sind Gebiete in einem Staat, in denen andere wirtschaftliche Rahmenbedingungen als im Rest des Staates gelten. Dies betrifft bspw. die Investitionsbedingungen, Zollbestimmungen oder Besteuerung. China ist dabei aktiv in die Entstehung afrikanischer SWZ eingebunden. Die SWZ sind eine Chance für afrikanische Länder die internationale Wettbewerbsfähigkeit des Industriesektors sowie die Steigerung des Wirtschaftswachstums generell zu beeinflussen, damit es mehr und bessere Arbeitsplätze gibt und somit auch das Humankapital der Bevölkerung gestärkt wird. Auch ist der „Spill-over"-Effekt besonders groß in SWZ. (vgl. Schmitz 2016: 3ff.)

Ein weiterer positiver Einfluss auf die Wirtschaft kann der Abbau von Standards im Umweltschutz, der Korruptionsbekämpfung oder den Menschenrechten haben. Chinesische

Kredite sind nicht in gleicher Weise an eben genannte Standards gebunden, so dass westlichen Appelle nach Standards ignoriert werden können. Zudem entsteht eine größere Konkurrenz durch die chinesischen Unternehmen. Durch mehr Abnehmer bspw. im Rohstoffhandel verbessern sich die afrikanischen Verhandlungspositionen gegenüber anderen Länder drastisch, da es mehr potentielle Käufer für die Rohstoffe gibt. (vgl. Kappel 2006: 4f.)

4.1.2. Politische und sozio-kulturelle Chancen

Politische Chancen entstehen einerseits durch den sinkenden Einfluss des Westens, da sich die Länder nun unabhängig von westlicher Vorgabe entwickeln können. Andererseits haben die Investitionen Chinas einen psychologischen Einfluss auf die afrikanische Bevölkerung, da China als Vorbild für afrikanische Staaten dient. Nach dem zweiten Weltkrieg war China ein Dritte-Welt-Land, welches es aber mit Hilfe von vielen ADI und eigener Anstrengung selber zu einer ökonomischen und weltpolitischen Supermacht geschafft hat. China dient den afrikanischen Staaten als Vorbild (vgl. ebd.: 4f.), was dadurch bestärkt wird, dass China in vielen afrikanischen Staaten ein positives Image genießt (vgl. Huang 2018: 8).

Unabhängig von den wirtschaftlichen und politischen Chancen kann es auch zu einem Austausch von Kulturen kommen, wovon Chinesen als auch Afrikaner profitieren können. Durch die überwiegend positive Auffassung des chinesischen Engagements in der afrikanischen Bevölkerung wird ein kultureller Austausch möglich (vgl. ebd.: 8). Ein geeignetes Beispiel von kultureller Zusammenarbeit ist der afrikanische Staat Mali. Dort bilden chinesische Fachkräfte malische Arbeiter und Lehrer aus. Dabei finanziert China sowohl deren Ausbildung als auch Praktika, vor allem in wichtigen Bereichen wie etwa dem Lehrwesen oder der Medizin. Hinzu kommt, dass bis ins Jahr 2010 in den von China gebauten Krankenhäusern in Mali knapp 700 chinesische Ärzte im Zweijahresrhytmus gearbeitet haben. Zudem vergibt China Stipendien für ein Studium in China, so dass Afrikaner ebenfalls eine Chance haben, China kennenzulernen. Ehemalige malische Studenten, die von dieser Möglichkeit Gebrauch machen konnten, haben den AASEMC-Verein gegründet, der bspw. Schulen bei der Auseinandersetzung mit der chinesischen Kultur fördert. Das geschieht unter anderem durch das Anbieten von Chinesisch als Fremdsprache im Unterricht für die Schüler als auch außerhalb für Erwachsene. (vgl. Marfaing 2010:4)

4.2. Risiken

4.2.1. Schuldenfalle

Ein großes mögliches Risiko ist die Gefahr einer Schuldenfalle. So hat China zwischen den Jahren 2000 und 2017 Kredite in Höhe von ca. 136 Milliarden USD an afrikanische Länder vergeben und ist damit für 20 Prozent aller Schulden in Afrika verantwortlich (vgl. welt.de 2018 (3)). Zwar sind die Kredite meist mit niedrigen Zinsen belegt und durch Abkommen, vor allem Förderabkommen, gebunden, jedoch ist die Gefahr einer Schuldenfalle trotzdem vorhanden. Zudem haben die Kredite laxe Vorschriften wodurch ein hohes Risiko der Veruntreuung durch Afrikas Eliten besteht, was dem eigentlichen Projekt schadet. (vgl. Saam 2008: 5)

China hat ein Interesse daran, mit Afrika weiter Handel treiben zu können. Kommt es zu einer Überschuldung vieler afrikanischer Kreditnehmer, könnte das Vertrauen gegenüber China stark zurückgehen und China somit daran hindern, seine Interessen durchsetzen zu können. Aus diesem Grund hat China schon ein Mal zahlreichen Ländern die Schulden erlassen und gewährt den ärmsten Ländern Afrikas zollfreien Warenexport nach China (vgl. Neuhäuser 2007: 76). Jedoch gibt es auch Beispiele, in denen China an seiner Verhandlungsposition festhält. So übernahm China nach einem nicht zurückgezahlten Kredit die Kontrolle über einen strategisch wichtigen Hafen in Sri Lanka (vgl. welt.de 2018 (3)). Zudem wird an den chinesischen Krediten kritisiert, dass diese nicht immer sinnvoll sind und den Schuldenstand unnötigerweise in die Höhe treiben. So auch bei einem geplanten Flughafen in Sierra Leone, bei dem die Kreditvergabe und der Bau von chinesischen Unternehmen übernommen werden sollte (vgl. dw.com 2018).

4.2.2. Markt- und Arbeitsbedingungen

Der afrikanische Markt profitiert nicht ausschließlich vom chinesischen Engagement. Durch die Standortvorteile Chinas wie niedrige Kapitalkosten, niedrige Löhne, eine leistungsfähige Infrastruktur und Skalenvorteile der Massenproduktion können chinesische Firmen in anderen Ländern einen Verdrängungswettbewerb initiieren (vgl. Hilpert 2013: 8). So passierte es, dass chinesische Firmen die neue, mit Hilfe des US AGOA aufgebaute, afrikanische Textilindustrie verdrängte. Mit dem Ende der Hilfsgelder aus den USA wurden die Zölle auf chinesische Textilimporte drastisch gesenkt, so dass die billigen, chinesischen Güter den afrikanischen Markt überschwemmten und tausende Jobs verloren gingen (vgl. Lyman 2006: 133).

Ein Verlust von Arbeitsplätzen kann jedoch auch eintreten, wenn das chinesische Unternehmen das afrikanische Unternehmen verdrängt, aber gleichzeitig keine neuen Jobs schafft, da es eigene Arbeitnehmer aus China mitnimmt (vgl. Deutscher Bundestag 2007: 9). Laut einer Schätzung lebten im Jahr 2007 schon über eine Million Chinesen in Afrika (Asche 2008: 31).

Chinesische Firmen werden auch dafür kritisiert, niedrige Löhne zu zahlen und schlechte Arbeitsbedingungen zu bieten. So hatten 2007 nur 52 von 2200 Arbeitern in Sambia in einer von der chinesischen Firma NFC kontrollierten Kupfermine einen unbefristeten Arbeitsvertrag. Das sambische Mittel lag zu der Zeit bei 50%. In der gleichen Mine kam es schon durch Mängel an Arbeits- und Sicherheitsstandards zu Unfällen, bei denen über 50 Menschen starben. Durch große Proteste seitens Gewerkschaften und der Bevölkerung wurde die Mine inzwischen geschlossen (vgl. Asche 2008: 61). Auch in der afrikanischen Holzwirtschaft, von der China der größte

Abnehmer ist, kommt es zu erheblichen Verletzungen der Arbeits- und Produktionsbedingungen sowie der Missachtung von Umweltstandards. Zudem wird kritisiert, dass China seine Umweltprobleme nach Afrika „exportiert" (vgl. Lyman 2006: 134). Auch aufgrund des chinesischen Bedarfs nach Holz hat Afrika seit 1990 rund 10% seiner gesamten Waldfläche eingebüßt (vgl. Asche 2008: 62).

4.2.3. Abhängigkeit von China

Eine weitere Folge der massiven Investitionen kann die Abhängigkeit der afrikanischen Staaten gegenüber China sein. Vor allem im Rohstoffsektor sind afrikanische Staaten schon jetzt abhängig von China. Sind die Rohstoffe alle ausgebeutet oder nimmt China aus anderen Gründen keine Rohstoffe mehr ab, könnten die betroffenen Staaten wieder massiv an Wirtschaftskraft verlieren, so dass die vorherigen positiven Effekte auf die Wirtschaft wieder zunichte gemacht werden könnten. (vgl. Dieter 2008: 9)

Afrikas Abhängigkeit von chinesischen Krediten ist ein weiterer Grund, weswegen Chinas Engagement kritisch gesehen wird. Wäre China nicht mehr bereit oder in der Lage, weitere Kredite an afrikanische Staaten zu vergeben, so könnte dies massive Auswirkungen auf die dortige Wirtschaft haben, da kein billiges und nicht an Forderungen nach „Good Governance" oder Korruptionsbekämpfung gebundenes Geld mehr beschafft werden könnte. (vgl. Stolte 2012: 6)

Zudem erleichtert China durch die einseitige Vergabe von Krediten an autoritäre Staaten wie Angola, Sudan oder Simbabwe die Regierungsführung. Demokratische Entwicklungen werden durch den sinkenden Einfluss des Westens eingeschränkt (vgl. Hütz-Adams 2014: 10). Daraus ergibt sich, dass die autoritären Herrscher weiter den Staat lenken können. Die Vergangenheit hat gezeigt, dass autokratische Herrscher sich bspw. durch Korruption bereichern, so dass der Bevölkerung die chinesischen Investitionen der Bevölkerung nur eingeschränkt zugute kommen. Jedoch ist die schlechte Regierungsführung nur indirekt China anzulasten, da die Eliten auch vorher oft korrupt waren (vgl. Dieter 2008:16).

5. Bewertung der Chancen und Risiken für Afrika und Fazit

Afrikanische Staaten erhoffen sich viel von dem chinesischem Engagement. Doch sind chinesische Investitionen eher Fluch oder Segen für den afrikanischen Kontinent?

Um eine abschließende Bewertung durchführen zu können, müssen die Vor- und Nachteile des chinesischen Engagements für Afrika betrachtet werden. Ein ganz klarer positiver Punkt ist die wirtschaftliche Weiterentwicklung, die durch China vorangetrieben wird. Obwohl es offensichtlich ist, dass China nur in Afrika investiert, um selbst Profit, z.B. in Form von einer gesicherten Rohstoffversorgung oder einem neuen Absatzmarkt für chinesische Unternehmen, zu erwirtschaften, hat das Engagement auch positive Folgen für die afrikanische Bevölkerung. Ein Beispiel ist der Markteintrittes von Huawei und ZTE in die Telekommunikationsbranche in Ghana, wodurch viele Bürger erstmals Zugriff auf moderne Telekommunikation und Internet erhielten. Der Bau von Infrastruktur kommt ebenfalls der breiten Bevölkerung zugute, da sich der Lebensstandard dadurch drastisch verbessert. Durch das Angola-Modell profitieren hier auch finanzschwache Länder, so dass mehr Menschen erreicht werden können und dadurch die Mittelschicht in vielen Ländern vergrößert werden kann.

Jedoch machen vor allem auch chinesische Firmen mit dem Angola-Modell Gewinne, weil afrikanische Staaten aufgrund der Vertragsbedingungen oftmals chinesische Firmen beauftragen müssen, die teilweise ihre eigenen Mitarbeiter mitnehmen, was der afrikanischen Wirtschaft schadet. Ein weiterer Nachteil ist, dass es teilweise große Mängel bei den Markt- und Arbeitsbedingungen chinesischer Firmen gibt. Auch der laxe Umgang mit der Umwelt im Sinne des Wirtschaftswachstums, gefördert durch Chinas Rohstoffhunger, hat langfristig nur negative Folgen. Zudem sind chinesische Kredite oft nicht an Forderungen nach „Good Governance" oder andere Standards gebunden sind, was Veruntreuung durch Afrikas korrupte Eliten und die Nichteinleitung demokratischer Prozesse zur Folge hat. Meiner Meinung nach sind es diese Gefahren und die Abhängigkeit von China durch bspw. eine Schuldenfalle die schwerwiegendsten Nachteile. Da China ein autoritärer Staat ist, erscheint er mir nicht vertrauenswürdig. Bei nachlassendem Interesse des finanzstarken Chinas könnte dies fatale Folgen für die abhängigen afrikanischen Staaten haben.

Abschließend denke ich, dass Afrika kurzfristig sehr von Chinas Engagement profitiert, aber aufpassen muss, nicht zu sehr in eine chinesische Abhängigkeit zu geraten. Zudem finde ich es wichtig, dass die Bindung zum Westen nicht abgebrochen wird, damit demokratische Entwicklungen und andere nachhaltige Werte wie Korruptionsbekämpfung oder Sozial- und Umweltstandards in Afrika weiter gefördert werden. Wie Afrika sich weiterentwickelt, ob es eher ein „China 2.0" wird oder doch ein demokratischer, an den Westen angelehnter Kontinent, liegt jedoch allein in den Händen der afrikanischen Bevölkerung und deren Regierungen.

Fragen, die sich mir im Verlauf der Arbeit gestellt haben, sind: „Wie geht der Westen mit dem Erstarken Chinas in Afrika um?" und: „Warum gehen westliche Länder nicht wie China vor und kopieren Teile der chinesischen Afrika-Strategie?". Diese interessanten und komplexen Fragen könnten in weiteren wissenschaftlichen Artikeln beleuchtet werden.

6. Literatur

6.1. Studien, Bücher, gedruckte Artikel

[einige Quellen wurden sowohl als gedruckte Studien/Bücher/Zeitungsartikel und als PDF-Datei im Internet veröffentlicht, Quellen mit Link sind als PDF-Datei abgerufen worden]

[A]

- Asche, Dr. Helmut (Hrsg.): Deutsche Gesellschaft für Technische Zusammenarbeit (GTZ) GmbH: *Chinas Engagement in Afrika – Chancen und Risiken für Entwicklung*, Eschborn, 09/2008, URL: https://www.google.com/url?sa=t&rct=j&q=&esrc=s&source=web&cd=1&cad=rja&uact= 8&ved=2ahUKEwiMkuz7uOngAhXQwKQKHSP-BgsQFjAAegQIARAC&url=https%3A%2F%2Fwww.giga-hamburg.de%2Fsites%2Fdefault%2Ffiles%2Fpublications%2Fstudie_chinas_engagement _in_afrika.pdf&usg=AOvVaw0YugNRBjxWGygRMPmr1nvs, letzter Zugriff: 04.03.2019, 22:43 Uhr

[D]

- Democracy Index 2017: The Economist intelligence unit (Hrsg.): *Democracy Index 2017 Free speech under attack*, London, 2018, URL: http://www.eiu.com/public/thankyou_download.aspx?activity=download&campaignid=De mocracyIndex2017, letzter Zugriff: 04.03.2019, 22:15 Uhr

- Deuber, Lea: Chinas Schicksalsfrage, in: Süddeutsche Zeitung, 75. Jahrgang/9. Woche/Nr. 52, S. 1, München 03/2019.

- Deutscher Bundestag, Wissenschaftliche Dienste: *Das Engagement der Volksrepublik China in Afrika. Interessen, Strategien und Auswirkungen*, o.O, 08/2007, URL: https://sehrgutachten.de/bt/wd2/120-07-das-engagement-der-volksrepublik-china-in-afrika-interessen-strategien-und-auswirkungen, letzter Zugriff: 28.02.2019, 14:49 Uhr

- Dieter, Heribert: Forschungsgruppe Globale Fragen Stiftung Wissenschaft und Politik - SWP- Deutsches Institut für Internationale Politik und Sicherheit: *Chinas Investitionen im Rohstoffsektor – Segen oder Fluch für Afrika?*, Diskussionspapier FG8 2008/03, Berlin, 12/2008, URL: https://www.google.com/url?sa=t&rct=j&q=&esrc=s&source=web&cd=1&cad=rja&uact= 8&ved=2ahUKEwi52czkzNTgAhXQ KQKHQlVBZQQFjAAegQIChAC&url=https%3A%2F%2Fwww.swp-berlin.org%2Ffileadmin%2Fcontents%2Fproducts%2Farbeitspapiere%2FDIskP2008_03_ dtr_ks.pdf&usg=AOvVaw1_0HdcnNAR1XEkLRZ6PRpQ, letzter Zugriff: 24.02.2019, 15:48 Uhr

- Drobe, Malte (Hrsg.): Bundesanstalt für Geowissenschaften und Rohstoffe: *Vorkommen und Produktion mineralischer Rohstoffe – ein Ländervergleich (2017)*, Hannover, 11/2016, URL: https://www.bgr.bund.de/DE/Themen/Min_rohstoffe/Downloads/studie_Laendervergleich _2017.html, letzter Zugriff: 03.03.2019, 17:50 Uhr

[F]

- Fuchs, Sebastian Barnet: KAS Auslandsinformationen: *China, Indien und Brasilien als Akteure in Afrika*, o.O., 02/2013, URL: https://www.kas.de/web/auslandsinformationen/artikel/detail/-/content/china-indien-und-brasilien-als-akteure-in-afrika, letzter Zugriff: 30.01.2019, 16:47

[G]

- GTAI 2018 (1): Germany Trade and Invest (Hrsg.): *China in Afrika Perspektiven, Strategien und Kooperationspotenziale für deutsche Unternehmen*, Bonn, 10/2018, URL: https://www.gtai.de/GTAI/Navigation/DE/Trade/Maerkte/allgemeine-broschueren,t=studie-china-in-afrika--perspektiven-strategien-und-kooperationspotenziale-fuer-deutsche-unternehmen,did=2167494.html, letzter Zugriff: 04.03.2019, 22:07 Uhr

- GTAI 2018 (2): Germany Trade and Invest (Hrsg.): *Wirtschaftsdaten Kompakt China November 2018*, 11/2018, Bonn, URL: https://www.gtai.de/GTAI/Navigation/DE/Trade/Maerkte/Wirtschaftsklima/wirtschaftsdaten-kompakt,t=wirtschaftsdaten-kompakt--china,did=1584726.html, letzter Zugriff: 01.03.2019, 13:23 Uhr

- Gu, Xuewu: KAS-Auslandsinformationen: *Chinas Engagement in Afrika: Trends und Perspektiven*, o.O., 10/2006 , URL: https://www.kas.de/web/auslandsinformationen/artikel/detail/-/content/chinas-engagement-in-afrika-trends-und-perspektiven, letzter Zugriff: 31.01.2019, 11:45

[H]

- Hilpert, Hanns Günther: Stiftung Wissenschaft und Politik -SWP- Deutsches Institut für Internationale Politik und Sicherheit: *Chinas Handelspolitik Dominanz ohne Führungswillen*, SWP-Studie 22/2013, Berlin, 11/2013, URL: https://nbn-resolving.org/urn:nbn:de:0168-ssoar-367533, letzter Zugriff: 24.02.2019, 12:25 Uhr

- Huang, Betty (Hrsg.): BBVA Research: *ECONOMIC WATCH China | ODI from the Middle Kingdom: What's next after the big turnaround?*, o.O, 02/2018, URL: https://www.bbvaresearch.com/en/publicaciones/china-odi-from-the-middle-kingdom-whats-next-after-the-big-turnaround/, letzter Zugriff: 14.02.2019, 18:14 Uhr

- Hütz-Adams (Hrsg.): SÜDWIND – Institut für Ökonomie und Ökumene: *Partnerschaft auf Augenhöhe? Die Rolle Chinas in Afrika.*, Bonn, 11/2014, URL: https://www.suedwind-institut.de/index.php/de/alle-verfuegbaren-publikationen/partnerschaft_auf_augenhoehe_die_rolle_chinas_in_afrika.html, letzter Zugriff: 24.02.2019, 17:10 Uhr

[K]

- Kappel, Robert (Hrsg.): GIGA German Institute of Global and Area Studies Institut für Afrika-Studien: *China in Afrika: Herausforderungen für den Westen*, GIGA Focus Global Nummer 12, Hamburg, 12/2006 , URL: https://nbn-resolving.org/urn:nbn:de:0168-ssoar-275372, letzter Zugriff: 09.02.2019, 14:43 Uhr

[L]

- Lyman, Princeton: South African Journal of International Affairs: *China's involvement in Africa: A view from the US*, Nummer 13:1, o.O, 01/2006, URL: https://doi.org/10.1080/10220460609556790, letzter Zugriff: 05.03.2019, 12:42 Uhr

[M]

- Marfaing, Laurence: GIGA German Institute of Global and Area Studies Institut für Afrika-Studien: *Mali: Die andere chinesische Migration*, GIGA Focus Afrika Nummer 12, Hamburg, 2010, URL: urn:nbn:de:0168-ssoar-275816, letzter Zugriff: 05.03.2019, 12:36 Uhr

[N]

- Norrie, Daniel: *Made in China, Mined in Australia: Interdependency and Business-Cycle Transmission between Chinese and Australian Industries*, o.O, o.D., URL: https://www.google.com/url?sa=t&rct=j&q=&esrc=s&source=web&cd=12&ved=2ahUKE wilj-KitungAhVDU1AKHYi5Ck8QFjALegQIABAC&url=https%3A%2F%2Fwww.murdoch. edu.au%2FSchool-of-Business-and-Governance%2F_document%2FAustralian-Conference-of-Economists%2FMade-in-China-mined-in-Australia.pdf&usg=AOvVaw3Z-RjZLJeD9QYUbsAjaWSn, letzter Zugriff: 04.03.2019, 22:27 Uhr

[P]

- Pohl, Birte: GIGA German Institute of Global and Area Studies - Leibniz-Institut für Globale und Regionale Studien, Institut für Afrika-Studien: *Süd-Süd-Investitionen – eine Chance für Subsahara-Afrika?*, GIGA Focus Afrika 3, Hamburg, 2011, URL: https://www.ssoar.info/ssoar/handle/document/27632, letzter Zugriff: 04.02.2019, 16:38 Uhr

[S]

- Saam, Wolfgang: Konrad-Adenauer-Stiftung Analysen & Argumente: *Chinas Griff nach Afrikas Rohstoffen Auswirkungen auf Afrikas Entwicklung und Europas Versorgungssicherheit*, Ausgabe 49, Berlin, 01/2008, URL: https://www.google.com/url?sa=t&rct=j&q=&esrc=s&source=web&cd=1&cad=rja&uact= 8&ved=2ahUKEwiMisuO8LvgAhVPsqQKHaXQDmAQFjAAegQIBhAC&url=https%3A %2F%2Fwww.kas.de%2Fwf%2Fdoc%2Fkas_12782-544-1-30.pdf%3F080117101614&usg=AOvVaw0S4YULzztHPTSiVYQgJ8-V, letzter Zugriff: 14.02.2019, 19:48 Uhr

- Schmitz, Birgit (Hrsg.): ifo Institut: *Sonderwirtschaftszonen in Entwicklungsländern: Verringerung von Migrationsursachen?*, 69. Jahrgang Nr. 2, München, 02/2016, URL: https://www.cesifo-group.de/de/ifoHome/publications/docbase/DocBase_Content/ZS/ZS-ifo_Schnelldienst/zs-sd-2016/zs-sd-2016-02/11012016002001.html, letzter Zugriff: 08.02.2019, 16:16 Uhr

- Stolte, Christina (Hrsg.): GIGA German Institute of Global and Area Studies Institut für Afrika-Studien: *Neue externe Akteure in Afrika*, GIGA Focus Afrika 7, Hamburg, 12/2012 URL: https://www.giga-hamburg.de/en/publication/neue-externe-akteure-in-afrika, letzter Zugriff: 08.02.2019, 15:30 Uhr

[U]

- UN ZnE 2017: Vereinte Nationen (Hrsg.): *Ziele für nachhaltige Entwicklung Bericht 2017*, 07/2017, URL: https://blogs.fu-berlin.de/bibliotheken/2017/07/27/sdg-bericht-2017-erschienen/, letzter Zugriff: 17:43 Uhr

[Z]

- Zongwe, Dunia P.: *On the Road to Post Conflict Reconstruction by Contract: The Angola Model*, o.O., 12/2010, URL: https://papers.ssrn.com/sol3/papers.cfm?abstract_id=1730442, letzter Zugriff: 06.02.2019, 16:06 Uhr

6.2. Internetquellen

[B]

- (bpb.de 2005): Bundeszentrale für politische Bildung, Prof. Dr. Sebastian Heilmann: *Das politische System Chinas*, Oktober 2005, URL: http://www.bpb.de/internationales/asien/china/44270/das-politische-system-chinas, letzter Zugriff am 20.01.2019, 14:31 Uhr

- (bpb.de 2011): Bundeszentrale für politische Bildung: *Sicherheitsrat der vereinten Nationen*, 02/2011, URL: http://www.bpb.de/themen/0ROVUA,0,Sicherheitsrat_der_Vereinten_Nationen.html, letzter Zugriff am 20.01.2019, 12:25 Uhr

[C]

- (china.org.cn 2001): China Internet Information Center: *"Go Global" Investment Strategy Needed for Chinese Enterprises*, 09/2001, URL: http://www.china.org.cn/english/GS-e/19033.htm, letzter Zugriff: 26.01.2019, 15:50

- (china.org.cn 2018): China Internet Information Center: *Chinas Acht Initiativen schaffen Win-win-Situation*, 09/2018, URL: http://german.china.org.cn/txt/2018-09/05/content_62326230_0.htm, letzter Zugriff: 28.02.2019, 12:59 Uhr

[D]

- (dw.com 2018): Deutsche Welle: *Sierra Leone stoppt chinesischen Flughafenbau*, 10/2018, URL: https://p.dw.com/p/36OrC, letzter Zugriff: 23.02.2019, 14:35 Uhr

[M]

- (fmprc.gov.cn (1)): Ministry of Foreign Affairs of the People's Republic of China: *China-Africa Relations*, URL:
  https://www.fmprc.gov.cn/mfa_eng/ziliao_665539/3602_665543/3604_665547/t18059.sht
  ml, letzter Zugriff: 04.02.2019, 16:42 Uhr

- (fmprc.gov.cn 2006 (2)): Ministry of Foreign Affairs of the People's Republic of China:
  China looking for redoubled cooperation with Africa, 01/2006, URL:
  https://www.fmprc.gov.cn/zflt/eng/zt/zgdfzzcwj/t231169.htm, letzter Zugriff: 04.02.2019,
  16:43 Uhr

[O]

- (orange.handelsblatt.com 2018): Orange by Handelsblatt: *Warum afrikanische Länder im Welthandel machtlos sind*, 06/2018, URL: https://orange.handelsblatt.com/artikel/45378,
  zuletzt zugegriffen am 20.01.2019, 12:35 Uhr

[W]

- (welt.de 2018 (1)): WELT, Sommerfeldt, Nando & Zschäpitz, Holger: *Chinas neue Macht versetzt den Westen in Angst*, 01/2018, URL:
  https://www.welt.de/wirtschaft/article172151883/China-Peking-steigt-zur-globalen-
  Fuehrungsmacht-auf.html, letzter Zugriff: 03.03.2019, 14:52 Uhr

- (welt.de 2018 (2)): WELT, Erling, Johnny: *Chinas Abhängigkeit vom Ausland*, 01/2018,
  URL: https://www.welt.de/print/die_welt/wirtschaft/article172441674/Chinas-
  Abhaengigkeit-vom-Ausland.html, letzter Zugriff: 03.03.2019, 15:01 Uhr

- (welt.de 2018 (3)): WELT, Putsch, Christian: *Afrika erwacht aus seiner China-Naivität*,
  11/2018, URL: https://www.welt.de/wirtschaft/article183891922/Schulden-Afrika-
  erwacht-aus-seiner-China-Naivitaet.html, letzter Zugriff: 03.03.2019, 15:03 Uhr

- (wikipedia.de 2019): https://de.wikipedia.org/wiki/Datei:Africa_on_the_globe_(red).svg,
  Quelle für linkes Bild auf der Titelseite, letzter Zugriff: 05.03.2019, 18:32 Uhr

- (wikipedia.de 2019): https://de.wikipedia.org/wiki/Volksrepublik_China, Quelle für
  rechtes Bild auf der Titelseite, 05.03.2019, 18:40 Uhr

[Z]

- (zeit.de 2012): ZEIT ONLINE, Sebastian Heilmann: *Modernes China – Ritt auf dem Tiger*, 02/2012, URL: https://www.zeit.de/zeit-geschichte/2012/01/Reformen-unter-Deng-
  Xiaoping, zuletzt zugegriffen am 20.01.2019, 14:01 Uhr

7. Anhang

7.1. Abkürzungsverzeichnis

1. KPCh/KP – Kommunistische Partei Chinas

2. NVK – Nationaler Volkskongress

3. BIP – Bruttoinlandsprodukt

4. USD – United States Dollar

5. EU – Europäische Union

6. WTO - World Trade Organization

7. DR Kongo – Demokratische Republik Kongo

8. ZTE - Zhong Xing Telecommunication Equipment Company Limited

9. EXIM-Bank – China Export-Import Bank

10. ADI – Ausländische Direktinvestitionen

11. MOFCOM – Ministry of commerce

12. MOF – Ministry of Finance

13. MOFA – Ministry of Foreign Affairs

14. CDB – China Development Bank

15. SWZ – Sonderwirtschaftszonen

16. AASEMC – Amicale des anciens stagiaires et étudiants maliens de Chine

17. US AGOA – United States African Growth and Opportunity Act

18. USA – United States of America

19. NFC – China Nonferrous Metal Industry's Foreign Engineering and Construction Co., Ltd.

7.2. Abbildungsverzeichnis

Abbildung 1:

Abbildung 1: Das politische System Chinas

Quelle: Bundeszentrale für politische Bildung (bpb.de 2005): Heilmann, Prof. Dr. Sebastian: Das politische System Chinas, 10/2005, URL: https://www.bpb.de/internationales/asien/china/44270/das-politische-system-chinas, letzter Zugriff: 03.03.2019, 16:11 Uhr

Abbildung 2:

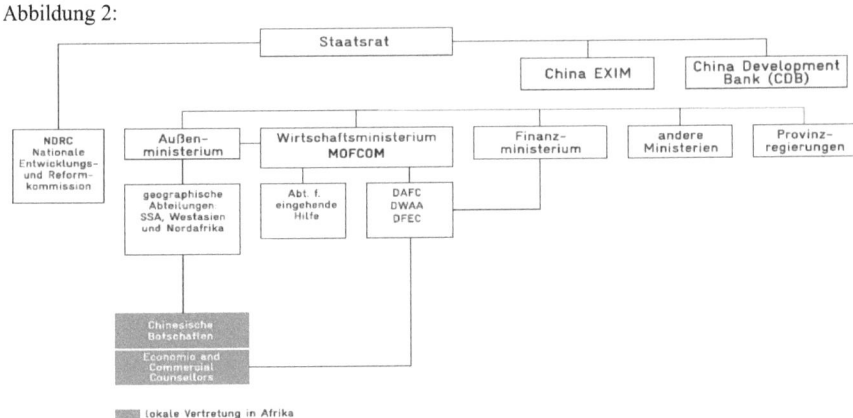

Abbildung 1, Institutionen der chinesischen Entwicklungszusammenarbeit

Quelle: Asche, Dr. Helmut; Schüller, Dr. Margot (Hrsg.): Deutsche Gesellschaft für Technische Zusammenarbeit (GTZ) GmbH: *Chinas Engagement in Afrika – Chancen und Risiken für Entwicklung*, Eschborn, 09/2008, URL: https://www.google.com/url?sa=t&rct=j&q=&esrc=s&source=web&cd=1&cad=rja&uact=8&ved =2ahUKEwiMkuz7uOngAhXQwKQKHSP-BgsQFjAAegQIARAC&url=https%3A%2F%2Fwww.giga-hamburg.de%2F2Fsites%2F2Fdefault%2F2Ffiles%2F2Fpublications%2F2Fstudie_chinas_engagement_in_afri ka.pdf&usg=AOvVaw0YugNRBjxWGygRMPmr1nvs, letzter Zugriff: 04.03.2019, 22:43 Uhr

7.3. Tabellenverzeichnis

Tabelle 1:

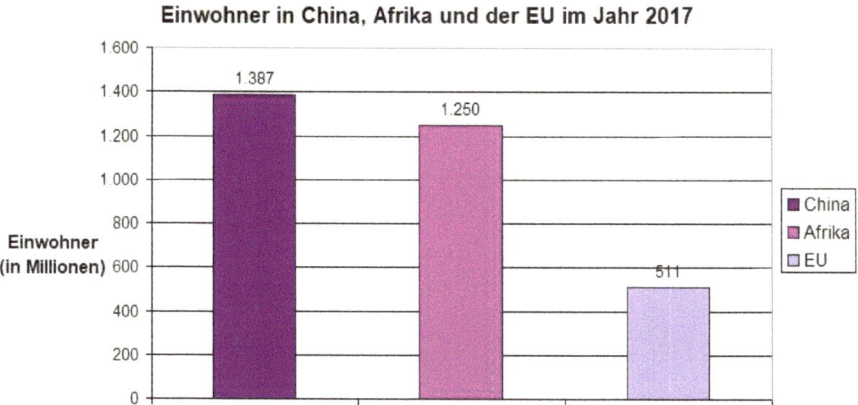

Tabelle 1, Einwohner in China, Afrika und der EU im Jahr 2017 in Millionen

eigene Grafik nach Daten von: 2017 World Population Data Sheet, S. 8ff., URL:
https://www.prb.org/2017-world-population-data-sheet/, letzter Zugriff: 03.03.2019, 17:21 Uhr

Tabelle 2:

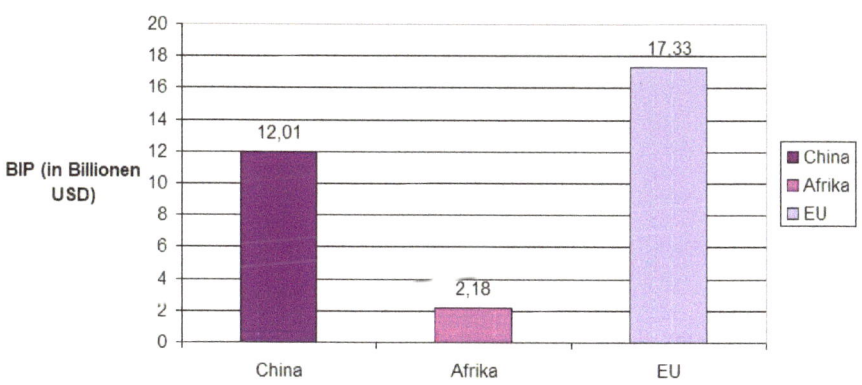

Tabelle 2, BIP von China, Afrika und der EU in Billionen USD im Jahr 2017

eigene Grafik nach Daten von: International Monetary Fund, URL:
https://www.imf.org/external/datamapper/NGDPD@WEO/OEMDC/ADVEC/WEOWORLD/CH
N/AFQ/EU, letzter Zugriff: 03.03.2019, 17:23 Uhr

Tabelle 3:

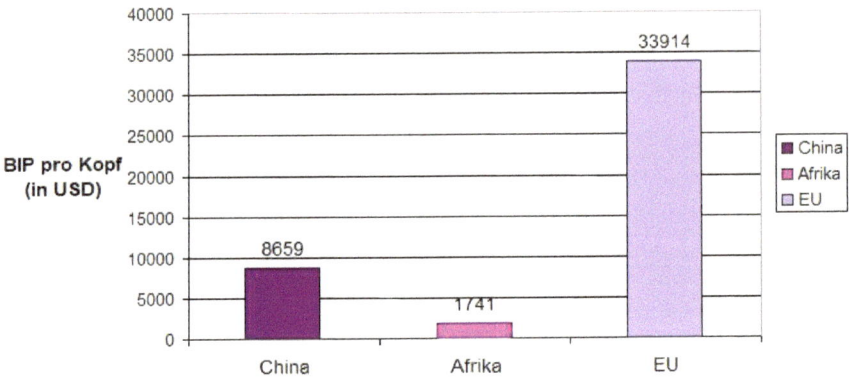

Tabelle 3, BIP pro Kopf in China, Afrika und der EU im Jahr 2017 in USD

Eigene Grafik nach Daten von: 2017 World Population Data Sheet, S. 8ff., URL:
https://www.prb.org/2017-world-population-data-sheet/, letzter Zugriff: 03.03.2019, 17:21 Uhr
Und Daten von: International Monetary Fund, URL:
https://www.imf.org/external/datamapper/NGDPD@WEO/OEMDC/ADVEC/WEOWORLD/CH
N/AFQ/EU, letzter Zugriff: 03.03.2019, 17:23 Uhr

Tabelle 4:

	Alu, Mrd. US$, Mio. t	Blei Mrd. US$, 1000 t	Eisen Mrd. US$, Mio. t	Kupfer Mrd. US$, 1000 t	Nickel Mrd. US$, 1000 t	Zink Mrd. US$, 1000 t	Zinn Mrd. US$, 1000 t	Silber Mrd. US$, t	Gold Mrd. US$, t	Summe
China	−28,3	−1,8	−42,1	−47,7	−14,6	−2,9	−1,5	−2,1	−9,9	−151,0
	−15,2	−877	−255,8	−6.959	−866,5	−1.336	−75,8	−3.410	−255,3	
Indien	3,6	−0,1	0,4	−2,8	−0,8	0,1	−0,2	−3,8	−33,9	−37,7
	1,9	−67	2,2	−411	−49,2	43	−8,7	−6.246	−875,7	
Japan	−2,3	−0,2	−12,0	−5,6	−2,3	−1,1	−0,5	−1,1	−3,3	−28,4
	−1,2	−101	−72,9	−815	−139,0	−504	−22,2	−1.716	−85,4	
Deutsch-land	−3,1	−0,2	−7,0	−6,0	−1,2	−1,0	−0,4	−0,2	−4,4	−23,5
	−1,7	−90	−42,4	−878	−72,4	−470	−18,6	−357	−113,7	
Korea. Rep.	−2,4	−0,5	−9,4	−4,3	−1,3	−1,3	−0,3	−0,4	−1,7	−21,6
	−1,3	−225	−57,4	−632	−76,8	−583	−14,5	−602	−45,0	
USA	−3,4	−0,3	−14,2	−2,2	−2,5	−0,3	−0,5	−1,0	3,8	−20,6
	−1,8	−166	−86,4	−322	−146,0	−135	−23,3	−1.586	97,2	
Türkei	−1,4	−0,1	−4,1	−2,1	−0,0	−0,1	−0,0	0,0	−5,2	−13,0
	−0,7	−30	−24,8	−313	−1,3	−27	−2,3	10	−133,9	
Italien	−0,4	−0,2	−3,8	−3,9	−1,0	−0,6	−0,1	−0,4	−0,8	−11,1
	−0,2	−98	−23,3	−667	−57,9	−271	−2,8	−637	−20,6	
Taiwan	−0,8	−0,1	−3,9	−3,2	−0,9	−0,6	−0,2	−0,2	−0,4	−10,3
	−0,5	−53	−23,5	−465	−52,7	−264	−8,5	−391	−10,2	
Thailand	−0,9	−0,1	−3,3	−1,7	−0,1	−0,2	−0,1	−0,3	−2,9	−9,5
	−0,5	−52	−19,9	−253	−3,6	−102	−3,9	−524	−74,0	

**Tabelle 4, Übersicht der Nettoimporte (bzw. Exporte) neun verschiedener Metalle in Milliarden USD (oben)
und Tonnage (unten), Summe nur in Milliarden USD, 2015, Top 10 Importeure der untersuchten Rohstoffe**

Quelle: Drobe, Malte (Hrsg.): Bundesanstalt für Geowissenschaften und Rohstoffe: *Vorkommen und Produktion mineralischer Rohstoffe – ein Ländervergleich (2017), Hannover*, 11/2016, URL: https://www.bgr.bund.de/DE/Themen/Min_rohstoffe/Downloads/studie_Laendervergleich_2017.h tml, letzter Zugriff: 03.03.2019, 17:50 Uhr

Tabelle 5:

Der Anteil der drei größten Rohstoffexporteure nach China am gesamten Rohstoffimport Chinas in Prozent

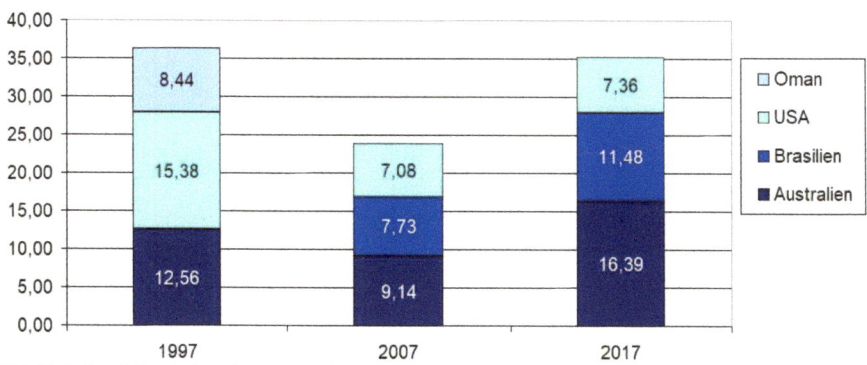

Tabelle 5, Anteil der drei größten Rohstoffexporteure nach China am gesamten Rohstoffimport Chinas in Prozent

Eigene Grafik nach Daten von: World Integrated Trade Solutions (World Bank), 2019, URL: https://wits.worldbank.org/CountryProfile/en/Country/CHN/Year/1997/TradeFlow/Import/Partner /all/Product/UNCTAD-SoP1, letzter Zugriff: 30.01.2019, 19:45 Uhr

Tabelle 6:

Export nach Sub-Sahara-Afrika in Milliarden USD und in Prozent des Gesamtexports Chinas

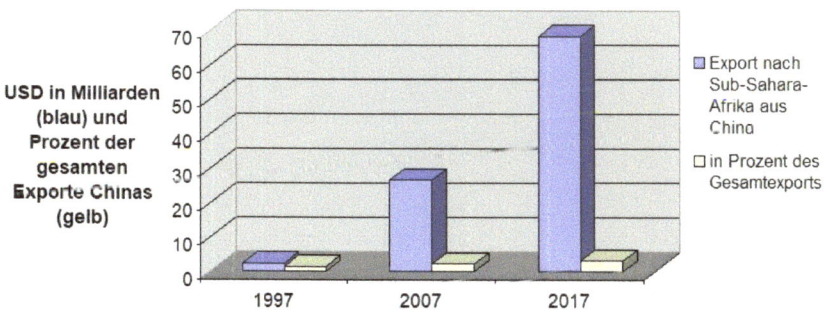

Tabelle 6, Export nach Sub-Sahara-Afrika in Milliarden USD und in Prozent des Gesamtexports Chinas in den Jahren 1997, 2007 und 2017

Eigene Grafik nach: World Integrated Trade Solutions (World Bank), 2019, URL: https://wits.worldbank.org/CountryProfile/en/Country/CHN/Year/2017/TradeFlow/Export/Partner /by-region, letzter Zugriff: 04.03.2019, 10:48 Uhr

Tabelle 7:

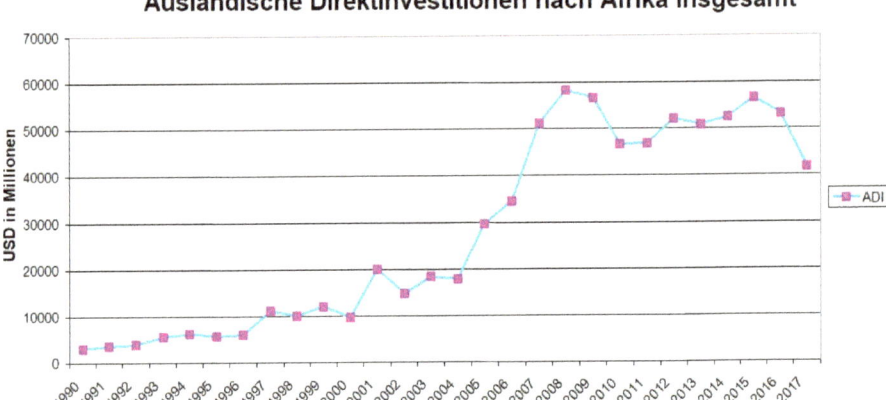

Tabelle 7, ADI nach Afrika in Millionen USD 1990-2017

Eigene Grafik nach: UNITED NATIONS CONFERENCE ON TRADE AND DEVELOPMENT, 2019, URL: https://unctadstat.unctad.org/wds/TableViewer/tableView.aspx?ReportId=96740, letzter Zugriff: 05.03.2019, 12:22 Uhr

BEI GRIN MACHT SICH IHR WISSEN BEZAHLT

- Wir veröffentlichen Ihre Hausarbeit,
  Bachelor- und Masterarbeit

- Ihr eigenes eBook und Buch -
  weltweit in allen wichtigen Shops

- Verdienen Sie an jedem Verkauf

Jetzt bei www.GRIN.com hochladen
und kostenlos publizieren